AF381003

LA BATAILLE D'EYLAU

Le combat le plus sanglant
des guerres napoléoniennes

Par Michaël Antoine
Sous la direction de Mélanie Mettra

50MINUTES.fr

LA BATAILLE D'EYLAU

INTRODUCTION

La bataille d'Eylau oppose l'empereur français Napoléon Ier aux forces de la quatrième coalition. Ce combat terrestre est l'un des plus sanglants qu'a connu l'ère napoléonienne. En effet, bien que l'empereur français soit reconnu vainqueur au terme de la bataille, les pertes qu'essuie son camp sont très lourdes.

Excédée par la nouvelle organisation que Napoléon Ier impose aux pays allemands, l'Angleterre forme avec la Russie, la Prusse et la Suède la quatrième coalition. Cette alliance vise à contrecarrer l'hégémonie de la France sur le reste de l'Europe. Cette guerre débute par deux importants succès français à Iéna (Allemagne) et à Auerstaedt (Allemage) où les troupes prussiennes sont lourdement défaites. S'ensuit alors un chassé-croisé entre les troupes russes et françaises sur le territoire polonais. Ne parvenant pas à surprendre les Russes et souhaitant les défaire avant qu'ils ne soient renforcés par le corps prussien du général Anton Wilhelm de Lestocq, Napoléon Ier se résout à accepter un combat frontal sur la plaine d'Eylau.

La bataille s'engage dès l'aube le 8 février 1807. Chaque camp tente de prendre l'ennemi à revers dans des conditions climatiques très difficiles, marquées par la neige et un vent glacial. Tout au long de la journée, la situation est totalement indécise et les renforts que chaque camp reçoit ne permettent pas de faire pencher la balance dans un sens ou dans l'autre. À la tombée de la nuit, suite à l'arrivée de renforts français, le général allemand Levin August von Bennigsen préfère abandonner le terrain. Les pertes sont extrêmement lourdes de chaque côté, et les Français ne retirent aucun avantage stratégique de cette bataille.

DONNÉES-CLÉS

- **Quand ?** Le 8 février 1807
- **Où ?** À Eylau (ancienne Prusse-Orientale ; actuelle fédération de Russie)
- **Contexte ?** La quatrième coalition contre la France napoléonienne (1806-1807)
- **Belligérants ?** L'Empire français contre l'Empire russe et le royaume de Prusse
- **Acteurs principaux ?**
  - Napoléon Ier, empereur français (1769-1821)
  - Michel Ney, maréchal de France (1769-1815)
  - Levin August von Bennigsen, général allemand (1745-1826)
  - Anton Wilhelm de Lestocq, général prussien (1738-1815)
- **Issue ?** Victoire française
- **Victimes ?**
  - Camp français : entre 15 000 morts et 25 000 morts ; le nombre de blessés ne peut être donné avec précision
  - Camps russe et prussien : entre 15 000 et 25 000 morts ; le nombre de blessés ne peut être donné avec précision

CONTEXTE POLITIQUE ET SOCIAL

LA QUATRIÈME COALITION

La bataille d'Eylau s'inscrit dans la guerre qui oppose, entre 1806 et 1807, l'Empire français aux forces de la quatrième coalition. Cette dernière, à nouveau menée par l'Angleterre, cherche à combattre l'influence croissante qu'acquiert la France à travers l'Europe. En effet, par une habile tactique matrimoniale et militaire, Napoléon Ier ne cesse d'accroître son influence sur les cours européennes. Mais l'élément déclencheur des hostilités entre les coalisés et la France est la création de la confédération du Rhin en 1806, à la suite de la victoire française à la bataille d'Austerlitz (2 décembre 1805). Celle-ci rassemble une multitude de petits États allemands et est incontestablement sous influence française. Dès lors, excédées par la montée en puissance de l'Empire français, l'Angleterre, la Suède, la Prusse et la Russie s'unissent pour lui déclarer la guerre le 1er octobre 1806.

De 1793 à 1815, ce ne sont pas moins de sept coalitions auxquelles la France doit faire face. Ces alliances résultent de la crainte des dirigeants européens conservateurs face aux idées de la France révolutionnaire puis napoléonienne. Si la première coalition affronte la France révolutionnaire, les six suivantes sont à chaque fois mises sur pied pour s'opposer aux progressions territoriales et idéologiques de l'empereur Napoléon Ier. Les pays membres sont :

- pour la première coalition (1793-1797), l'Angleterre, l'Espagne, la Russie, Naples, la Sardaigne, la Prusse et l'Autriche ;
- pour la deuxième coalition (1799-1802), l'Angleterre, la Russie, l'Autriche, la Turquie, les Deux-Siciles, la Suède et quelques princes allemands ;
- pour la troisième coalition (1805), la Russie, l'Autriche et la Suède ;
- pour la quatrième coalition (1806-1807), l'Angleterre, la Prusse, la Russie et la Suède ;
- pour la cinquième coalition (1809), l'Angleterre et l'Autriche ;

- pour la sixième coalition (1813-1814), l'Angleterre, la Russie, l'Autriche, la Prusse, la Suède et quelques princes allemands ;
- pour la septième coalition (1815), l'Angleterre, la Russie, la Prusse, l'Autriche, la Suède, les Pays-Bas et quelques princes allemands.

AVANT LA BATAILLE D'EYLAU : LA DÉFAITE PRUSSIENNE ET LE BLOCUS CONTINENTAL

Dès le 10 octobre 1806, les combats débutent. Napoléon Ier affronte les troupes prussiennes, les seules à être présentes, les armées russe et suédoise étant toujours en pleine mobilisation. Grâce à un avantage numérique non négligeable et aux qualités tactiques des Français, les troupes napoléoniennes infligent deux revers cuisants aux Prussiens lors des fameuses batailles d'Iéna et d'Auerstaedt (14 octobre 1806).

Les batailles d'Iéna et d'Auerstaedt prennent place lors des guerres de la quatrième coalition. Au début du conflit, la Prusse commet l'erreur de ne pas attendre ses alliés russes pour affronter les Français. Malheureusement pour les Prussiens, les troupes françaises menacent très vite d'envelopper leur armée, ce qui décide le roi de Prusse Frédéric-Guillaume III (1770-1840) à battre en retraite vers Berlin dans la nuit du 13 au 14 octobre 1806. Frédéric-Louis de Hohenlohe-Ingelfingen (général prussien, 1746-1818) ayant reçu l'ordre de former l'arrière-garde de l'armée prussienne, affronte dès l'aube à Iéna les forces de Napoléon Ier. Grâce à l'effet de surprise, les Français taillent en pièce les Prussiens qui leur font face. Vu l'importance de la troupe vaincue, Napoléon Ier est persuadé d'avoir battu le gros de l'armée prussienne, mais celle-ci, forte de plus de 50 000 hommes, se trouve plus au nord. Le maréchal français Louis-Nicolas Davout (1770-1823) et ses 26 000 hommes, envoyés dans la nuit du 13 au 14 octobre pour prendre l'armée prussienne dans le dos, se heurtent à l'armée prussienne aux environs de la ville d'Auerstaedt. Malgré un rapport de force favorable aux Prussiens, les Français résistent remarquablement avant de donner l'assaut. Les Prussiens perdent plus de 15 000 hommes et 115 canons sur le champ de bataille. Au soir du 14 octobre 1806, suite à la double victoire française, l'armée prussienne est mise hors d'état de nuire.

Tandis que le reste de l'armée prussienne se disloque, la route menant à Berlin (alors capitale de la Prusse) est ouverte. La ville est atteinte par les troupes françaises à la fin du mois d'octobre et le roi de Prusse Frédéric-Guillaume III, qui s'est réfugié à l'est avec quelques milliers d'hommes, attend l'intervention de son allié russe. Comme elle tarde à arriver, le souverain prussien envisage un moment de conclure une paix séparée avec la France, mais il y renonce rapidement. En effet, son allié russe l'encourage à poursuivre la lutte tout comme son peuple. En outre, les conditions de paix réclamées par Napoléon Ier sont intolérables.

Mais, avant d'affronter les Russes, l'empereur français souhaite mettre à mal les Anglais qui ne cessent de s'opposer à lui depuis son accession au pouvoir (1804). Comme les troupes anglaises ne sont pas à sa portée, il décrète un blocus continental (21 novembre 1806) afin d'affamer l'île britannique. Une fois cette tactique mise en place, Napoléon Ier peut désormais s'occuper de son ennemi russe.

LE SAVIEZ-VOUS ?

Le blocus continental est une stratégie politique créée par Napoléon Ier qui tend à ruiner un pays – dans ce cas l'Angleterre, puissance manufacturière et commerciale – en fermant les portes du continent européen à ses exportations. Mis en place par le décret de Berlin du 21 novembre 1806, le blocus continental interdit aux pays européens de commercer avec l'Angleterre. À terme, cette politique doit aboutir à la ruine des finances anglaises en entrainant la surproduction, les faillites, le chômage et la révolte sociale. Pour que cette tactique soit payante, Napoléon Ier fait surveiller les côtes qui sont encore ouvertes au commerce anglais. Pour ce faire, il envoie un corps armé occuper la Poméranie suédoise (région côtière du Nord de l'Allemagne et de la Pologne) et les villes hanséatiques (villes commerciales situées le long de la mer Baltique). Une fois mis en place, le blocus est un coup dur pour l'Angleterre. Ses effets s'aggravent plus encore lorsque la Russie décide d'appliquer cette politique après la signature du traité de Tilsit (7 juillet 1807). Heureusement pour l'Angleterre, le blocus continental est également mal vécu par les pays européens. Plusieurs denrées, telles que le café, sont fournies par l'Angleterre et, rapidement, la contrebande fait son apparition. Finalement, la Russie, ne supportant plus les privations, dénonce le traité de Tilsit en 1810 et rouvre ses ports aux bateaux anglais.

ACTEURS PRINCIPAUX

NAPOLÉON IER, EMPEREUR FRANÇAIS

Napoléon Bonaparte est un général français qui est devenu le premier empereur des Français (du 18 mai 1804 au 6 avril 1814 et du 20 mars 1815 au 22 juin 1815).

Né à Ajaccio en 1769 dans une petite famille de la noblesse corse sans richesse, il reçoit une éducation militaire dans les écoles de Brienne et de Paris. Artilleur de formation, il se distingue comme capitaine d'artillerie lors du siège de Toulon contre les Anglais (1793). Promu général, Napoléon Bonaparte est un fervent défenseur de la République et de la Révolution (1789) – il réprime d'ailleurs violemment une insurrection royaliste en octobre 1795. Profitant de la situation chaotique régnant en France et de la popularité qu'il acquiert suite à plusieurs campagnes victorieuses (dont la campagne d'Italie en 1796-1797 et son expédition en Égypte en

1798-1799), le général s'empare du pouvoir par un coup d'État en 1799. Nommé premier consul, il dirige la France pendant quatre ans (période du Consulat) avant de devenir consul à vie, sous le nom de Napoléon Ier.

Sacré empereur des Français par le pape Pie VII (1742-1823) le 2 décembre 1804, la popularité de Napoléon Ier est au plus haut. Dès lors, il en profite pour réorganiser la France de fond en comble : nouvelle administration centralisée, Code civil mis en place, contrôle de la religion, etc. L'Empereur n'hésite pas à limiter les libertés au profit de son pouvoir personnel. Sur le plan extérieur, son règne est marqué par de nombreuses campagnes militaires. En effet, désireux de former une Europe napoléonienne, il attira sur la France les foudres des autres puissances. Véritable génie militaire, Napoléon Ier dirige ses troupes lors de chaque campagne militaire et parvient à triompher de nombreuses fois contre ses adversaires (à Austerlitz, à Iéna, mais aussi aux difficiles et sanglantes batailles d'Eylau et de Wagram en 1809, notamment). Parvenant ainsi à contrôler la majeure partie de l'Europe, il en profite pour placer plusieurs membres de sa famille sur les trônes européens (Joseph Bonaparte, 1768-1844, sur celui de Naples puis d'Espagne ; Jérôme Bonaparte, 1784-1860, sur celui de Westphalie en Allemagne ; Louis Bonaparte, 1778-1846, sur celui de Hollande et son beau-frère Joachim Murat, 1767-1815, sur celui de Naples). Imposant à plusieurs reprises la paix à ses ennemis, il reste cependant une menace permanente pour l'ensemble des monarchies européennes qui ne cessent de lui faire la guerre.

En 1810, afin de s'assurer une descendance et pour sceller une alliance avec la maison d'Autriche, Napoléon Ier répudie son épouse Joséphine de Beauharnais (1763-1814) et épouse l'archiduchesse Marie-Louise de Habsbourg-Lorraine (1791-1847). Un an après son mariage, la nouvelle impératrice donne naissance au premier fils légitime de Napoléon. En 1812, les mauvaises relations entre le tsar Alexandre Ier (1777-1825) et Napoléon Ier poussent ce dernier à envahir la Russie (malgré l'avis défavorable de plusieurs de ses proches). Cette campagne tourne au désastre pour l'Empereur, qui perd la majeure partie de son armée et voit l'ensemble des monarchies européennes reprendre les armes contre lui. Défait en 1814 par une nouvelle coalition, Napoléon Ier est contraint à l'exil sur l'île d'Elbe, au large de l'Italie. Cependant, il parvient à s'en échapper et reprend le pouvoir au printemps 1815 en chassant le roi Louis XVIII (1755-1824) du trône. Débute alors la campagne des Cent-Jours (du 20 mars au 22 juin 1815) : Napoléon Ier doit faire face à une nouvelle coalition des royaumes européens, mais il est définitivement défait à la bataille de Waterloo (1815). L'Empereur est contraint d'abdiquer et est déporté sur l'île de Sainte-Hélène (au milieu de l'Atlantique sud) où il meurt le 5 mai 1821.

Bon à savoir

Les Cent-Jours désignent la dernière période du règne de Napoléon Ier (du 20 mars 1815 au 22 juin 1815), durant laquelle il tente de restaurer l'Empire. S'étant échappé de l'île d'Elbe où il avait été exilé, il débarque en Provence le 1er mars 1815 accompagné de 700 hommes. Après avoir rallié les soldats français envoyés pour l'arrêter, il soulève l'enthousiasme des populations lors de sa remontée vers Paris qu'il atteint le 20 mars 1815. Le roi Louis XVIII ayant fui en Belgique, Napoléon Ier s'assure le soutien de la bourgeoisie française en lui accordant une constitution avantageuse. Toutefois, il voit se dresser contre lui une septième coalition qui lui inflige une défaite lors de la bataille de Waterloo. Napoléon Ier est alors contraint d'abdiquer une seconde fois et de s'exiler sur la lointaine île de Sainte-Hélène.

MICHEL NEY, MARÉCHAL FRANÇAIS

Michel Ney est un maréchal de France qui a commandé sous les ordres de l'empereur Napoléon Ier. Celui-ci, appréciant son courage et son intrépidité, le surnomme d'ailleurs « le Brave des braves ».

Né à Sarrelouis le 10 janvier 1769, Michel Ney s'engage dans l'armée française à l'âge de 19 ans et devient rapidement sous-officier puis officier. Se distinguant de nombreuses fois (prise de la citadelle de Wurtzbourg lors de la campagne d'Allemagne de 1796, ou encore celle de Mannheim en mars 1799), il devient général de division en mars 1799. Il intègre ensuite l'armée d'Helvétie (Suisse) puis celle du Rhin où il se fait remarquer par Napoléon Ier. Ce dernier, alors premier consul, le nomme ambassadeur avec pleins pouvoirs en République helvétique, pays qu'il parvient à pacifier en 1803.

Devenu proche de l'empereur français grâce à son mariage avec une amie de sa belle-fille, Aglaé-Louise Auguié (1782-1854), Michel Ney est promu maréchal d'empire en 1804. L'année suivante, il s'illustre à Elchingen (Bavière) où il met en déroute les armées autrichiennes. Ces dernières se replieront dans la ville d'Ulm, qui capitulera quelques jours plus tard. En remerciement et en souvenir de l'importante victoire d'Elchingen, Napoléon Ier lui donne le titre de duc d'Elchingen en 1808. Fidèle parmi les fidèles, Michel Ney prend part aux nombreuses victoires napoléoniennes contre les royaumes adversaires. En 1806, il est à Iéna puis à Eylau où sa participation détermine le sort de la bataille. Après une nouvelle victoire décisive à Friedland (1807), le maréchal est envoyé en Espagne pour lutter contre la population hostile à l'occupation française.

En 1812, Michel Ney participe à la campagne de Russie. Lors de la sanglante retraite menée pendant l'hiver, il manifeste à nouveau un courage extraordinaire en commandant l'arrière-garde française. Mais, lors de la campagne de défense contre les forces coalisées en Allemagne, il est battu à Dennewitz (6 septembre 1813), puis blessé lors de la bataille de Leipzig la même année. Participant à la campagne de France, Michel Ney presse cependant l'Empereur d'abdiquer puis l'abandonne pour rallier le camp du roi Louis XVIII. Lorsque Napoléon Ier s'échappe de l'île d'Elbe en 1815 pour reprendre la France, il est chargé par le roi de l'arrêter ; Michel Ney lui promet alors de ramener l'ancien empereur « dans une cage de fer » (FIERRO (Alfred), PALLUEL-GUILLARD (André) et TULARD (Jean), « Ney, Michel », in *Histoire et dictionnaire du Consulat et de l'Empire*, Paris, Robert Laffont, 2002, p. 983). Lorsque les deux hommes se rencontrent, les troupes du maréchal l'abandonnent pour rejoindre le camp de l'Empereur. Michel Ney se sent alors forcé de rejoindre les rangs de l'Empereur, qui lui gardera cependant rancune de son comportement. Ainsi, c'est n'est qu'à la veille de l'affrontement décisif à Waterloo que Napoléon Ier se décide à rappeler son maréchal. Commettant de nombreuses erreurs lors de la bataille, Michel Ney tente en vain de se faire tuer. Arrêté peu après la défaite de Napoléon Ier, Michel Ney est jugé devant un tribunal pour avoir trahi Louis XVIII et est condamné à mort. Le 7 décembre 1815, il est fusillé à Paris.

LEVIN AUGUST VON BENNIGSEN, GÉNÉRAL ALLEMAND

Le comte Levin August von Bennigsen est un officier allemand qui est devenu général dans l'armée russe, et qui a combattu à de nombreuses reprises les forces de Napoléon Ier.

Officier allemand, il entre au service de l'impératrice de Russie Catherine II (1729-1796) en 1773 et attire rapidement son attention en se distinguant lors de combats contre les Polonais. Lors de l'avènement du tsar Paul Ier (1754-1801), Levin August von Bennigsen tombe en disgrâce puis participe au complot qui aboutit à l'assassinat du souverain. Lorsqu'Alexandre Ier monte sur le trône, l'officier reprend du service dans l'armée russe. En 1806, il devient le commandant en chef des troupes russes. Malgré d'indéniables qualités stratégiques, il sort perdant des batailles d'Eylau et de Friedland.

À nouveau écarté de l'armée en 1812, Levin August von Bennigsen est rappelé en 1813 pour diriger l'armée russe. Sa conduite lors de la bataille de Leipzig (grande bataille surnommée « bataille des Nations ») lui vaut l'obtention du titre de comte. Participant encore à la campagne des Cent-Jours contre Napoléon Ier, il terminera sa vie à Banteln (Allemagne actuelle) en 1826.

ANTON WILHELM DE LESTOCQ, GÉNÉRAL PRUSSIEN

Anton Wilhelm de Lestocq est un général de cavalerie prussien qui a combattu Napoléon Ier lors de la bataille d'Eylau.

Au cours de la guerre de Sept Ans (conflit d'ampleur mondiale qui oppose, entre autres, le royaume d'Autriche au royaume de Prusse de 1756 à 1763), il participe à plusieurs batailles et s'y distingue à diverses reprises. En outre, il participe à des missions contre la France révolutionnaire entre 1792 et 1795. Gravissant les échelons, Anton Wilhelm de Lestocq est promu lieutenant-général et commande un corps prussien lors de la guerre qui oppose la quatrième coalition à la France napoléonienne. Tandis que l'armée prussienne est vaincue en octobre 1806, il vient porter secours aux Russes durant la bataille d'Eylau. Son apparition soudaine sur le champ de bataille permet d'ailleurs aux troupes russes de ne pas être débordées. Décoré de l'Ordre de l'Aigle noir pour son action lors du conflit, Anton Wilhem de Lestocq occupe encore plusieurs fonctions importantes – il devient gouverneur de Berlin en 1808 et gouverneur de Breslau en 1814 – avant de décéder en janvier 1815 à Berlin.

ANALYSE DE LA BATAILLE

TERRAIN ET MANŒUVRE DIFFICILES

Les troupes prussiennes étant mises hors d'état de nuire en octobre 1806, la Grande Armée de Napoléon Ier, divisée en plusieurs corps distincts, s'avance en Pologne pour affronter les troupes russes. Celles-ci, dirigées par le général Levin August von Bennigsen, se sont avancées discrètement dans le Nord de la Pologne et rencontrent le corps du maréchal français Jean-Baptiste Bernadotte (1763-1844), en janvier 1807. Lorsqu'il l'apprend, Napoléon Ier ordonne aux corps de ce dernier et du maréchal Michel Ney de se replier sans combattre. De cette manière, il souhaite attirer les forces russes pour tomber sur leur flanc. Malheureusement pour les troupes françaises, les Russes interceptent un message destiné à Jean-Baptiste Bernadotte et sont mis au courant du plan de l'Empereur. Cette fois, c'est Levin August von Bennigsen qui ordonne la retraite. Dès lors, les manœuvres de chaque adversaire se soldent par un coup dans l'eau.

Par ailleurs, Napoléon Ier et le général Levin August von Bennigsen sont peu satisfaits d'évoluer sur le territoire polonais. En effet, les deux camps se trouvent dans une région peu favorable aux mouvements stratégiques : le champ de bataille comprenant de vastes étendues plates, des étangs et des ruisseaux marécageux, de la boue et de la neige ; de plus, peu de villages peuvent assurer le ravitaillement, ce qui empêche toute manœuvre stratégique.

Le temps joue également contre l'empereur français. En effet, il souhaite ardemment attaquer les Russes, qui ne cessent de se dérober, avant que les troupes prussiennes du général Anton Wilhelm de Lestocq (comprenant environ 10 000 hommes) ne les rejoignent. Sachant qu'il ne pourra pas surprendre Levin August von Bennigsen par une manœuvre inattendue, Napoléon Ier décide de diriger ses troupes vers Königsberg où se trouvent les approvisionnements russes. En agissant de la sorte, il contraint son adversaire à intervenir : la bataille frontale est inévitable.

LES FORCES EN PRÉSENCE

Le général Levin August von Bennigsen sait que les renforts prussiens doivent arriver sous peu. Il choisit donc, le 7 février 1807, d'installer ses 60 000 hommes et ses 240 pièces d'artillerie dans la plaine découverte d'Eylau. Le dispositif russe se présente comme suit :

- les Russes disposent d'un centre très bien garni et disposé sur des hauteurs,
- tandis que les extrémités sont déforcées.

Il espère ainsi obliger les Français à porter leur effort principal sur le centre de l'articulation militaire. Le même jour, le village d'Eylau est tout d'abord occupé par les troupes russes, avant d'être pris dans l'après-midi lors de violents combats par les avant-gardes françaises.

Le gros de l'armée de Napoléon Ier arrive vers la fin de l'après-midi du 7 février. Celle-ci, considérablement affaiblie par les longues marches des jours précédents, rassemble 40 000 hommes et possède au maximum 200 pièces d'artillerie. L'empereur français décide de grouper son armée aux alentours du village d'Eylau, de placer toute son artillerie à l'avant du front et de garder des réserves pour les troupes situées à l'extrémité du dispositif français. Tandis que l'aile droite est particulièrement bien protégée, l'aile gauche française est plutôt affaiblie. Cela s'explique par le fait que Napoléon Ier compte sur l'arrivée rapide des troupes du maréchal Michel Ney (comprenant entre 9 000 et 10 000 hommes) pour étoffer la partie gauche du dispositif. Ce dernier, qui avait feint la retraite les jours précédents pour piéger les Russes, a à présent fait demi-tour pour rejoindre les troupes de Napoléon Ier.

LES DÉBUTS DE LA BATAILLE

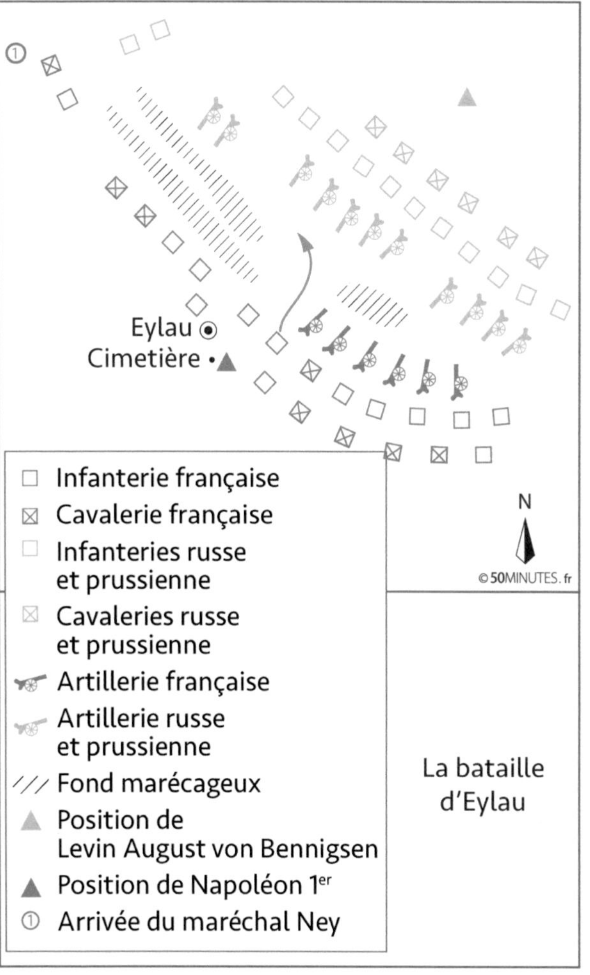

La bataille d'Eylau débute le 8 février 1807 entre 7 et 8 heures par un violent duel d'artillerie. Levin August von Bennigsen, qui a remarqué l'absence de Michel Ney, envoie ses troupes à l'assaut de l'aile gauche de Napoléon Ier. Tandis que l'armée française parvient tant bien que mal à repousser l'attaque, l'Empereur décide à son tour d'attaquer l'aile gauche des troupes russes, qui se montrent très vite ébranlées. Les Français prennent ainsi le dessus sur leurs adversaires. Les événements étant favorables à Napoléon Ier, ce-lui-ci décide vers 10 heures de lancer les hommes du maréchal Pierre François Charles Augere au (1757-1816) sur le centre du dispositif russe. Mais, tandis que les canons sont avancés pour soutenir les troupes de ce dernier qui avancent sur le champ de bataille, une tempête de neige « si épaisse qu'on ne distingue rien à deux pas » (*Bulletin de la Grande Armée*, n° 58, 9 février 1807) survient. Le vent soufflant d'est en ouest, ce sont les Français qui sont les plus gênés par cette intempérie. Ne se rendant pas compte qu'elles dévient de leur trajectoire initiale, les troupes de Pierre François Charles Augereau se présentent non pas de face mais de flanc contre le centre de l'armée russe. Les conséquences pour les troupes du maréchal français sont désastreuses : mitraillées par une soixantaine de canons russes, elles sont repoussées dans un désordre indescriptible avant que la cavalerie russe n'achève le travail. Cette action coûte la vie à 929 Français et blesse plus de 4 271 hommes.

LA CHARGE DE JOACHIM MURAT ET LA GARDE

Suite à la défaite du maréchal français, la situation devient critique pour l'Empereur. En effet, une brèche vient de s'ouvrir dans le dispositif français, situé au sud du village d'Eylau, au niveau du cimetière. Le général allemand Levin August von Bennigsen perçoit alors l'opportunité de diviser l'armée française en deux et ordonne à sa cavalerie et à son infanterie d'exploiter la faille. Napoléon Ier tente alors une action désespérée en demandant à la cavalerie du réputé maréchal Joachim Murat de repousser l'assaillant. S'ensuit alors l'une des plus célèbres charges de l'histoire : la « charge des 80 escadrons » (GARNIER (Jacques), « Eylau », in *Dictionnaire Napoléon*, Paris, Arthème Fayard, 1987, p. 718) – bien qu'on n'en comptait en réalité que 52 – sera immortalisée par Honoré de Balzac (écrivain français, 1799-1850) dans son roman Le Colonel Chabert (1832). Joachim Murat, à la tête de plusieurs milliers d'hommes, parvient à rompre l'assaut des troupes russes. Celles-ci subissent par deux fois les charges des cavaliers français et sont totalement anéanties. En enfonçant le centre de l'armée russe, cette action permet de rendre l'avantage à l'armée napoléonienne.

Cependant, un danger menace toujours les Français. Si les cavaliers de Joachim Murat ont défait la contre-attaque russe, ils ne se sont pas aperçus qu'une colonne d'environ 4 000 fantassins a atteint le cimetière d'Eylau où se trouve l'empereur français et son état-major. Napoléon Ier ne dispose que de quelques bataillons de la garde impériale pour s'opposer à cette colonne russe. Un sanglant combat s'engage alors dans le cimetière. Selon les ordres du général Jean Marie Pierre Dorsenne (1773-1812), les soldats de la Garde ne se battent qu'à la baïonnette (petite épée placée au bout du fusil) qui cause de lourds dégâts. Les 4 000 Russes sont presque tous tués ou capturés.

<u>**Bon à savoir**</u>

La garde impériale, unité d'élite de l'Empire, tire son origine de l'ancienne garde des consuls. Celle-ci a été créée par Napoléon Ier lorsqu'il est devenu premier consul. La garde des consuls a comme premier chef le futur beau-frère de Napoléon, Joachim Murat. Ce corps spécial comprend initialement 2 089 hommes : des fantassins et des cavaliers. Seuls les soldats qui se sont distingués par leur courage ont le droit d'intégrer cette prestigieuse unité chargée de la protection de l'Empereur.

La garde des consuls devient la garde impériale par le décret du 10 mai 1804. Désormais, l'unique chef de ce corps est l'Empereur. Peu à peu, la Garde, totalement dévouée à Napoléon Ier, augmente ses rangs. Dès lors, elle est divisée en trois sections :

- la Vieille Garde qui contient les soldats les plus anciens ;
- la Moyenne Garde ;
- et la Jeune Garde.

Désormais, elle se compose d'unités d'infanterie et de cavalerie, mais aussi d'unités d'artillerie, de marins et de sapeurs.

Reconnaissable par ses prestigieux uniformes, la garde impériale devient rapidement une unité combattante de première importance et est un modèle pour toute troupe française. Lorsque l'Empereur participe aux campagnes militaires, c'est au milieu de la Garde qu'il s'installe. Napoléon Ier n'hésite d'ailleurs pas à y avoir recours lors des moments décisifs ou désespérés.

Au plus fort de son existence, la garde impériale comprend jusqu'à 112 000 hommes en 1814.

L'ARRIVÉE DES RENFORTS

La brèche formée dans le dispositif français est ainsi colmatée. Napoléon Ier regrette de manquer d'hommes pour relancer une offensive sur le centre du front russe. Dès lors, il laisse le soin à sa puissante aile droite, commandée par le maréchal Louis-Nicolas Davout, de tenter une manœuvre de débordement. Si cette action réussit, la bataille sera remportée par Napoléon Ier. Mais un nouveau coup du sort survient vers 15 h 30 : tandis que Louis-Nicolas Davout est en pleine action, le corps prussien du général Anton Wilhelm de Lestocq apparait. Le rapport de force change et le maréchal français se trouve désormais en infériorité numérique. Pendant plus de trois heures, il lutte péniblement pour maintenir l'aile droite du dispositif français. La résistance acharnée de ses hommes permet au tant attendu maréchal Michel Ney d'enfin arriver sur le front vers 19 heures. Face au nouveau danger qui apparaît et par crainte de l'intervention d'autres renforts français, Levin August von Bennigsen choisit d'arrêter les combats et de lancer la retraite à la tombée de la nuit. La victoire est ainsi acquise à la France.

RÉPERCUSSIONS DE LA BATAILLE

L'ISSUE DE LA BATAILLE : L'INUTILE CARNAGE D'EYLAU

Puisque le champ de bataille reste aux mains des Français, ceux-ci sortent donc vainqueurs de la bataille d'Eylau. Mais à quel prix ? Peut-on réellement parler de victoire lorsque les pertes dans son propre rang sont presque aussi nombreuses que celles de l'ennemi ? En outre, la bataille d'Eylau ne permet pas de mettre hors d'état de nuire l'armée russe, qui reste toujours une menace pour les troupes de l'Empereur. Mais, dans le camp russe, on estime également avoir obtenu une victoire. Lorsqu'il apprend le nombre des pertes françaises, le tsar Alexandre Ier regrette d'ailleurs que le général Levin August von Bennigsen ait choisi la retraite.

De son côté, Napoléon Ier se rend compte de l'ampleur du massacre. Pour la première fois dans l'histoire de la France impériale, l'Empereur reste huit jours sur le champ de bataille. Lui qui a pourtant l'habitude de visiter le champ de bataille après les combats est bouleversé par ce qu'il voit : des milliers d'hommes gisent encore sur la plaine d'Eylau ; plusieurs de ses généraux figurent d'ailleurs parmi les victimes :

- le maréchal Charles Pierre François Augereau est grièvement blessé ;
- les généraux Jean Joseph Ange d'Hautpoul (1754-1807), Jacques Desjardin (1759-1807), Claude Corbineau (1772-1807), Nicolas Dahlmann (1769-1807), Pierre-Charles Lochet (1767-1807) et Louis-Prix Varé (1766-1807) ont été tués.

Le lendemain de la bataille, Napoléon Ier, attristé, écrit : « Un père qui perd ses enfants ne goûte aucun charme de la victoire. Quand le cœur parle, la gloire n'a plus d'illusion. » (*Bulletin de la Grande Armée*, n° 58, 9 février 1807) Par après, il refuse qu'un Te Deum (hymne chrétien chanté lors de festivités telles qu'une victoire) soit chanté.

Le nombre de blessés est tellement important que tous ne peuvent être pris en charge. Deux jours après la bataille, plus de 500 Russes mutilés sont toujours dans l'attente de secours. Les médecins et les brancardiers sont épuisés devant la charge de travail.

Les troupes françaises sont elles aussi très ébranlées par ce qu'elles viennent de vivre. Lorsque l'Empereur les passe en revue, les hommes crient « Vive l'Empereur », mais d'autres clament « Vive la paix et la France ». Napoléon Ier aurait souhaité poursuivre les troupes russo-prussiennes, mais l'état de fatigue de ses hommes et les difficultés de ravitaillement l'en empêchent.

Il faudra attendre la bataille de Friedland (en Allemand, *Friedland* signifie « terre de paix ») pour que l'empereur français réussisse enfin à défaire les Russes. Après cette victoire, Napoléon Ier et Alexandre Ier signent, en juillet, le traité de Tilsit qui met fin à la guerre entre la France et la quatrième coalition, qui est alors démantelée. Deux dispositions du traité sont à mettre en avant :

- la Russie accepte d'appliquer le blocus continental contre les Anglais ;
- le royaume de Prusse cède une large partie de son territoire à la France qui en profite pour créer ou agrandir des États satellites (duché de Varsovie, royaume de Westphalie, etc.).

La paix sur le continent européen est rétablie, mais pour peu de temps, car une cinquième coalition s'élèvera contre la France dès l'année 1809.

EN RÉSUMÉ

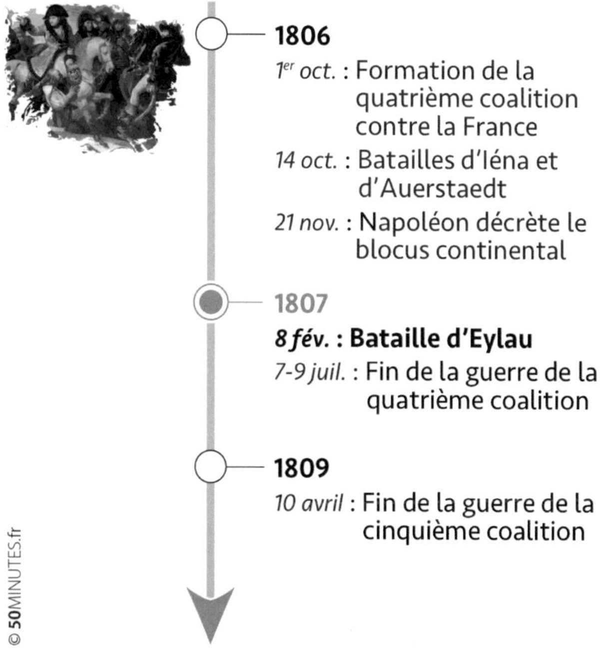

1806

1er oct. : Formation de la quatrième coalition contre la France

14 oct. : Batailles d'Iéna et d'Auerstaedt

21 nov. : Napoléon décrète le blocus continental

1807

***8 fév.* : Bataille d'Eylau**

7-9 juil. : Fin de la guerre de la quatrième coalition

1809

10 avril : Fin de la guerre de la cinquième coalition

- À nouveau menacées par l'hégémonie française en Europe, l'Angleterre, la Prusse, la Russie et la Suède créent, en 1806, la quatrième coalition, chargée d'arrêter Napoléon Ier.

- Lors des batailles d'Iéna et d'Auerstaedt en 1806, les troupes françaises anéantissent les troupes prussiennes : la route menant à la capitale de la Prusse est maintenant libre.
- Pour affaiblir son ennemi anglais, Napoléon Ier décrète un blocus continental le 21 novembre : il peut désormais s'occuper de son autre adversaire russe.
- L'armée française et l'armée russe manœuvrent difficilement en Pologne, les combats débutent à l'aube du 8 février 1807 sur la plaine d'Eylau. Ce ne sont pas moins de 60 000 Russes qui s'opposent aux 40 000 Français.
- La bataille tourne tout d'abord en faveur des Français, mais les Russes contre-attaquent et menacent le centre du front français ;
- Désespéré, Napoléon Ier ordonne à la cavalerie de Joachim Murat de repousser l'assaillant : c'est une victoire.
- Le centre de l'armée française est cependant menacé. L'Empereur, qui s'y trouve, n'a à sa disposition que quelques bataillons qu'il charge de repousser les 4 000 fantassins russes.
- Une dernière offensive est lancée alors que les renforts prussiens dirigés par Anton Wilhelm de Lestocq arrivent. Quelques

heures plus tard, c'est au tour du maréchal Michel Ney d'apporter son secours à l'armée de Napoléon Ier.

- Les Russes abandonnent finalement le combat à la fin de la journée, les pertes sont aussi nombreuses dans un camp que dans l'autre.

*Votre avis nous intéresse !
Laissez un commentaire sur le site de votre
librairie en ligne et partagez vos coups de cœur sur
les réseaux sociaux !*

POUR ALLER PLUS LOIN

SOURCES BIBLIOGRAPHIQUES

- *Bulletin de la Grande Armée*, n° 58, 9 février 1807.

- DELMAS (Jean), *Histoire militaire de la France. De 1715 à 1871*, Paris, PUF, 1992.

- FIERRO (Alfred), PALLUEL-GUILLARD (André) et TULARD (Jean), « Davout, Louis-Nicolas », dans *Histoire et dictionnaire du Consulat et de l'Empire*, Paris, Robert Laffont, 2002.

- FIERRO (Alfred), PALLUEL-GUILLARD (André) et TULARD (Jean), « Ney, Michel », dans *Histoire et dictionnaire du Consulat et de l'Empire*, Paris, Robert Laffont, 2002.

- GARNIER (Jacques), « Bennigsen, Levin », dans *Dictionnaire Napoléon*, Paris, Fayard, 1987.

- GARNIER (Jacques), « Eylau », dans *Dictionnaire Napoléon*, Paris, Fayard, 1987.

- GARNIER (Jacques), « Lestocq, Anton Wilhelm de », dans *Dictionnaire Napoléon*, Paris, Fayard, 1987.

- GARNIÈRE (Paul), « La campagne de Pologne de 1807 », dans *Revue du souvenir napoléonien*, Paris, n°4, février 1988.

- LENTZ (Thierry), *Nouvelle histoire du Premier Empire. Napoléon et la conquête de l'Europe : 1804-1810*, tome 3, Paris, Fayard, 2002.

- LEY (Francis), « Alexandre Ier », dans *Dictionnaire Napoléon*, Paris, Fayard, 1987.

- MASCILLI MIGLIORINI (Luigi), Napoléon, Paris, Perrin, 2004.

- TRANIÉ (Jean), « Garde impériale », dans Dictionnaire Napoléon, Paris, Fayard, 1987.

- TULARD (Jean), Napoléon. *Les grands moments d'un destin*, Paris, Fayard, 2006.

- VALLAUD (Dominique), « Traité de Tilsit », dans *Dictionnaire historique*, Paris, Fayard, 1995.

SOURCES COMPLÉMENTAIRES

- BENNIGSEN (Levin), *Mémoires*, Paris, 1907-1908.

- BERTAUD (Jean-Paul), « Napoléon journaliste : des bulletins de la gloire », dans *Le Temps des médias*, Paris, Éditions Monde Nouveau, n°4, printemps 2005, p. 10-21.

- « Campagne de Pologne », sur http://napoleon.org, consulté le 05 mars 2018. https://www.napoleon.org/histoire-des-2-empires/articles/campagne-de-pologne-de-1807/

- CHARRIER (Pierre), *Le Maréchal Davout*, Paris, Éditions Nouveau Monde et Fondation Napoléon, 2005.

- GARNIER (Jacques), « Eylau », dans *Dictionnaire des guerres et batailles de l'histoire de France*, Paris, Perrin, 2004.

- GARNIER (Jacques) et ROLIN (Vincent), *Eylau : 8 février 1807, la charge héroïque*, Paris, Éditions Soteca, 2011.

- HULOT (Frédéric), *Le Maréchal Ney*, Paris, Pygmalion Éditions, 2000.

- HULOT (Frédéric), *Murat : la chevauchée fantastique*, Paris, Pygmalion-Gérard Watelet, 1998.

- JOFFRIN (Laurent), *Les Batailles de Napoléon*, Paris, Seuil, 2000.

- JOURQUIN (Jacques), *Dictionnaire des maréchaux du premier empire*, Paris, Éditions Christians-Jas, 2001.

- KEROUTRET (Michel), *Napoléon Bonaparte. Correspondance générale. VI. Vers le Grand Empire. 1806*, Paris, Fayard, 2009.

- KEROUTRET (Michel) et MADEC (Gabriel), *Napoléon Bonaparte. Correspondance générale. VII. Tilsit, l'apogée de l'Empire. 1807*, Paris, Fayard, 2010.

- MOLIÈRES (Michel) et UMHEY (Alfred), « La Campagne de 1807. Eylau, Pultusk, Golymn, Friedland. Napoléon et la campagne de Pologne. La guerre d'hiver. Le traité de Tilsit », in *Tradition magazine*, hors-série n°27, 20 septembre 2003.

- PERRET (Irène), « Réception critique de Napoléon sur le champ de bataille d'Eylau d'Antoine-Jean Gros sous le premier empire », in *Napoleonica. La Revue*, Paris, Fondation Napoléon, n°4, 2009.

- PIGEARD (Alain), *Dictionnaire de la Grande Armée*, Paris, Éditions Tallandier, 2002.

- QUINTIN (Danielle) et QUINTIN (Bernard), *La Tragédie d'Eylau. Dictionnaire biographique des officiers, sous-officiers et soldats tués ou blessés mortellement au combat*, Paris, Archives & Culture, 2006.

- THIRY (Jean), *Napoléon Bonaparte. Eylau, Friedland, Tilsit*, Paris, Éditions Berger-Levrault, 1964.

- TRANIÉ (Jean), *L'Épopée napoléonienne : les grandes batailles*, Paris, Tallandier, 1999.

FILM

- *Napoléon*, film d'Yves Simoneau, avec Christian Clavier, Gérard Depardieu et John Malkovitch, 2002.

ROMANS

- BALZAC (Honoré de), *Le Colonel Chabert*, 1844.

- HUGO (Victor), « Le Cimetière d'Eylau », dans *La Légende des siècles*, 1859.

ICONOGRAPHIE

- *Napoléon sur le champ de bataille d'Eylau*, tableau d'Antoine-Jean Gros (peintre français, 1771-1835), 1807, conservé au musée du Louvre à Paris (France).

MUSÉES ET BÂTIMENTS COMMÉMORATIFS

- Monument commémoratif à Bagrationovsk (anciennement Eylau), en Russie.

- L'arc de triomphe du Carrousel, à Paris, a été bâti à la gloire des guerres de Napoléon Ier.

- L'arc de triomphe, situé sur la place de l'Étoile à Paris, est dédié aux victimes des guerres de Napoléon Ier.

ISBN ebook : 978-2-8062-5414-6
ISBN papier : 978-2-8062-5595-2
Dépôt légal : D/2014/12603/6
Image de couverture : *Napoléon sur le champ de bataille d'Eylau,* Antoine Jean Gros. Domaine public.

Conception numérique : Primento,
le partenaire numérique des éditeurs